卞尺丹几乙し丹卞と

Translated Language Learning

Aladino e la Lampada Meravigliosa

Aladdin and the Wonderful Lamp
Antoine Galland

Italiano / English

Copyright © 2023 Tranzlaty
All rights reserved
Published by Tranzlaty

Original text by Antoine Galland
From '*'Les mille et une nuits*''
First published in French in 1704
Taken from The Blue Fairy Book
Collected and translated by Andrew Lang

www.tranzlaty.com

Aladino e la Lampada Meravigliosa
Aladdin and the Wonderful Lamp

C'era una volta un povero sarto
Once upon a time there lived a poor tailor
ebbe un figlio chiamato Aladino
he had a son called Aladdin
Aladino era un ragazzo sbadato e ozioso che non avrebbe fatto nulla
Aladdin was a careless, idle boy who would do nothing
Anche se, gli piaceva giocare a palla tutto il giorno
although, he did like to play ball all day long
Questo lo faceva per le strade con altri ragazzini oziosi
this he did in the streets with other little idle boys
Questo addolorò così tanto il padre che morì
This so grieved the father that he died
Sua madre piangeva e pregava, ma nulla aiutava
his mother cried and prayed but nothing helped
nonostante la sua supplica, Aladino non si rimise a farsi strada.
despite her pleading, Aladdin did not mend his ways
Un giorno Aladdin stava giocando per le strade come al solito
One day Aladdin was playing in the streets as usual
Uno sconosciuto gli chiese la sua età
a stranger asked him his age
e gli chiese se non fosse il figlio di Mustapha il sarto
and he asked him if he was not the son of Mustapha the tailor
"Sono il figlio di Mustapha, signore" rispose Aladino
"I am the son of Mustapha, sir" replied Aladdin

"Ma è morto molto tempo fa"
"but he died a long time ago"
lo straniero era un famoso mago africano
the stranger was a famous African magician
e cadde sul suo collo e lo baciò
and he fell on his neck and kissed him
"Sono tuo zio" disse il mago.
"I am your uncle" said the magician
"Ti conoscevo a somiglianza con mio fratello"
"I knew you from your likeness to my brother"
"Vai da tua madre e dille che sto arrivando"
"Go to your mother and tell her I am coming"
Aladino corse a casa e raccontò a sua madre del suo nuovo zio
Aladdin ran home and told his mother of his newly found uncle
"In effetti, figlia", disse, "tuo padre aveva un fratello"
"Indeed, child," she said, "your father had a brother"
"ma ho sempre pensato che fosse morto"
"but I always thought he was dead"
Tuttavia, ha preparato la cena per il visitatore
However, she prepared supper for the visitor
e disse ad Aladino di cercare suo zio
and she bade Aladdin to seek his uncle
Lo zio di Aladino venne carico di vino e frutta
Aladdin's uncle came laden with wine and fruit
Cadde e baciò il luogo dove Mustapha era solito sedersi.
He fell down and kissed the place where Mustapha used to sit
e disse alla madre di Aladino di non essere sorpresa

and he bid Aladdin's mother not to be surprised
Ha spiegato che era stato fuori dal paese quarant'anni
he explained he had been out of the country forty years
Poi si rivolse ad Aladino e gli chiese il suo mestiere.
He then turned to Aladdin and asked him his trade
ma il ragazzo chinò la testa per la vergogna
but the boy hung his head in shame
e sua madre scoppiò in lacrime
and his mother burst into tears
così lo zio di Aladino si offrì di fornire cibo
so Aladdin's uncle offered to provide food

Il giorno dopo comprò ad Aladino un bel vestito.
The next day he bought Aladdin a fine suit of clothes
e lo portò in tutta la città
and he took him all over the city
Gli mostrò le attrazioni della città
he showed him the sights of the city
Al calar della notte lo portò a casa da sua madre
at nightfall he brought him home to his mother
Sua madre era felicissima di vedere suo figlio così bene
his mother was overjoyed to see her son so fine
Il giorno dopo il mago condusse Aladino in alcuni bellissimi giardini
The next day the magician led Aladdin into some beautiful gardens
Questa era una lunga strada fuori dalle porte della città
this was a long way outside the city gates
Si sedettero vicino a una fontana
They sat down by a fountain

e il mago tirò fuori una torta dalla cintura
and the magician pulled a cake from his girdle
divise la torta tra i due
he divided the cake between the two of them
Poi proseguirono fino quasi a raggiungere le montagne
Then they journeyed onward till they almost reached the mountains
Aladino era così stanco che pregò di tornare indietro
Aladdin was so tired that he begged to go back
ma il mago lo ingannò con storie piacevoli
but the magician beguiled him with pleasant stories
e lo guidò nonostante la sua pigrizia
and he led him on in spite of his laziness
Alla fine arrivarono a due montagne
At last they came to two mountains
Le due montagne erano divise da una stretta valle
the two mountains were divided by a narrow valley
"Non andremo oltre" disse il falso zio
"We will go no farther" said the false uncle
"Ti mostrerò qualcosa di meraviglioso"
"I will show you something wonderful"
"raccogli bastoni mentre accendo un fuoco"
"gather up sticks while I kindle a fire"
Quando il fuoco fu acceso il mago gettò una polvere su di esso
When the fire was lit the magician threw a powder on it
e disse alcune parole magiche
and he said some magical words
La terra tremò un po' e si aprì davanti a loro
The earth trembled a little and opened in front of them
una pietra piatta quadrata si rivelò

a square flat stone revealed itself
e nel mezzo della pietra c'era un anello di ottone
and in the middle of the the stone was a brass ring
Aladino cercò di scappare
Aladdin tried to run away
ma il mago lo catturò
but the magician caught him
e gli diede un colpo che lo fece cadere giù
and gave him a blow that knocked him down
"Che cosa ho fatto, zio?" disse pietosamente.
"What have I done, uncle?" he said piteously
il mago disse più gentilmente: "Non temere nulla, ma obbediscimi"
the magician said more kindly: "Fear nothing, but obey me"
"Sotto questa pietra giace un tesoro che deve essere tuo"
"Beneath this stone lies a treasure which is to be yours"
"e nessun altro può toccarlo"
"and no one else may touch it"
"quindi devi fare esattamente come ti dico"
"so you must do exactly as I tell you"
Alla menzione del tesoro Aladino dimenticò le sue paure
At the mention of treasure Aladdin forgot his fears
Afferrò l'anello come gli era stato detto
he grasped the ring as he was told
e disse i nomi di suo padre e di suo nonno
and he said the names of his father and grandfather
La pietra è venuta fuori abbastanza facilmente
The stone came up quite easily

e alcuni passi apparvero davanti a loro
and some steps appeared in front of them
"Vai giù" disse il mago
"Go down" said the magician
"Ai piedi di quei gradini troverai una porta aperta"
"at the foot of those steps you will find an open door"
"La porta conduce in tre grandi sale"
"the door leads into three large halls"
"Rimboccati l'abito e attraversa i corridoi"
"Tuck up your gown and go through the halls"
"Assicurati di non toccare nulla"
"make sure not to touching anything"
"Se tocchi qualcosa, morirai all'istante"
"if you touch anything, you will die instantly"
"Queste sale conducono in un giardino di alberi da frutto pregiati"
"These halls lead into a garden of fine fruit trees"
"Cammina fino a quando non arrivi in una nicchia in una terrazza"
"Walk on until you come to a niche in a terrace"
"Lì vedrai una lampada accesa"
"there you will see a lighted lamp"
"Versare l'olio della lampada"
"Pour out the oil of the lamp"
"E poi portami la lampada"
"and then bring me the lamp"
Si tolse un anello dal dito e lo diede ad Aladino.
He drew a ring from his finger and gave it to Aladdin
e gli ordinò di prosperare
and he bid him to prosper
Aladino trovò tutto come aveva detto il mago

Aladdin found everything as the magician had said
Raccolse alcuni frutti dagli alberi
he gathered some fruit off the trees
e, ottenuta la lampada, arrivò all'imboccatura della grotta
and, having got the lamp, he arrived at the mouth of the cave
Il mago gridò in gran fretta
The magician cried out in a great hurry
"Affrettati e dammi la lampada"
"Make haste and give me the lamp"
Questo Aladdin si rifiutò di fare fino a quando non fu fuori dalla caverna
This Aladdin refused to do until he was out of the cave
Il mago volò in una terribile passione
The magician flew into a terrible passion
gettò ancora un po' di polvere sul fuoco.
he threw some more powder on to the fire
e poi lanciò un altro incantesimo
and then he cast another magic spell
e la pietra rotolò di nuovo al suo posto
and the stone rolled back into its place
Il mago lasciò la Persia per sempre
The magician left Persia for ever
questo dimostrava chiaramente che non era uno zio di Aladino
this plainly showed that he was no uncle of Aladdin's
Quello che era veramente era un mago astuto.
what he really was was a cunning magician
un mago che aveva letto di una lampada meravigliosa
a magician who had read of a wonderful lamp

una lampada che lo avrebbe reso l'uomo più potente del mondo
a lamp which would make him the most powerful man in the world
ma solo lui sapeva dove trovarlo
but he alone knew where to find it
e poteva riceverlo solo dalla mano di un altro
and he could only receive it from the hand of another
Aveva scelto lo sciocco Aladino per questo scopo
He had picked out the foolish Aladdin for this purpose
aveva intenzione di prendere la lampada e ucciderlo in seguito
he had intended to get the lamp and kill him afterwards

Per due giorni Aladino rimase al buio
For two days Aladdin remained in the dark
piangeva e si lamentava della sua situazione
he cried and lamented his situation
Alla fine strinse le mani in preghiera.
At last he clasped his hands in prayer
e così facendo strofinò l'anello
and in so doing he rubbed the ring
Il mago aveva dimenticato di riprendersi l'anello
the magician had forgotten to take the ring back from him
Immediatamente un enorme e spaventoso genio sorse dalla terra
Immediately an enormous and frightful genie rose out of the earth
"Che cosa vuoi che io faccia?"
"What would thou have me do?"
"Io sono lo schiavo dell'anello"

"I am the Slave of the Ring"
"e io ti obbedirò in ogni cosa"
"and I will obey thee in all things"
Aladino rispose senza paura: "Liberami da questo posto!"
Aladdin fearlessly replied: "Deliver me from this place!"
e la terra si aprì sopra di lui
and the earth opened above him
e si ritrovò fuori
and he found himself outside
Non appena i suoi occhi poterono sopportare la luce, tornò a casa
As soon as his eyes could bear the light he went home
ma è svenuto quando è arrivato lì
but he fainted when he got there
Quando tornò in sé, raccontò a sua madre cosa era successo.
When he came to himself he told his mother what had happened
e le mostrò la lampada
and he showed her the lamp
e le inondava i frutti che aveva raccolto nel giardino
and he shower her the the fruits he had gathered in the garden
I frutti erano, in realtà, pietre preziose
the fruits were, in reality, precious stones
Poi ha chiesto del cibo
He then asked for some food
"Ahimè! bambino" ha detto
"Alas! child" she said
"Non ho niente in casa"

"I have nothing in the house"
"ma ho filato un po' di cotone"
"but I have spun a little cotton"
"e andrò a vendere il cotone"
"and I will go and sell the cotton"
Aladino le ordinò di tenere il suo cotone
Aladdin bade her keep her cotton
Le disse che avrebbe venduto la lampada invece del cotone
he told her he would sell the lamp instead of the cotton
Dato che era molto sporca cominciò a strofinare la lampada
As it was very dirty she began to rub the lamp
Una lampada pulita potrebbe ottenere un prezzo più alto
a clean lamp might fetch a higher price
Immediatamente apparve un orribile genio
Instantly a hideous genie appeared
Le chiese cosa le sarebbe piaciuto avere
he asked what she would like to have
Alla vista del genio svenne
at the sight of the genie she fainted
ma Aladino, afferrando la lampada, disse audacemente:
but Aladdin, snatching the lamp, said boldly:
"Portami qualcosa da mangiare!"
"Fetch me something to eat!"
Il genio tornò con una ciotola d'argento
The genie returned with a silver bowl
Aveva dodici piatti d'argento contenenti carni ricche
he had twelve silver plates containing rich meats

e aveva due coppe d'argento e due bottiglie di vino
and he had two silver cups and two bottles of wine
La madre di Aladino, quando tornò in sé, disse:
Aladdin's mother, when she came to herself, said:
"Da dove viene questa splendida festa?"
"Whence comes this splendid feast?"
"Non chiedere da dove viene, ma mangia, madre" rispose Aladino
"Ask not where it came from, but eat, mother" replied Aladdin
Così si sedettero a colazione fino all'ora di cena
So they sat at breakfast till it was dinner-time
e Aladino raccontò a sua madre della lampada
and Aladdin told his mother about the lamp
Lei lo pregò di venderlo
She begged him to sell it
"Non abbiamo niente a che fare con i diavoli"
"let us have nothing to do with devils"
ma Aladino aveva pensato che sarebbe stato più saggio usare la lampada
but Aladdin had thought it would be wiser to use the lamp
"Il caso ci ha resi consapevoli delle sue virtù"
"chance hath made us aware of its virtues"
"Lo useremo, e anche l'anello"
"we will use it, and the ring likewise"
"Lo porterò sempre al dito"
"I shall always wear it on my finger"
Quando ebbero mangiato tutto ciò che il genio aveva portato, Aladino vendette uno dei piatti d'argento
When they had eaten all the genie had brought, Aladdin sold one of the silver plates

e quando ebbe di nuovo bisogno di soldi vendette il piatto successivo
and when he needed money again he sold the next plate
Lo ha fatto fino a quando non sono rimaste targhe
he did this until no plates were left
Poi fece un altro desiderio al genio
He then he made another wish to the genie
e il genio gli diede un'altra serie di piatti
and the genie gave him another set of plates
e così vissero per molti anni
and thus they lived for many years

Un giorno Aladino sentì un ordine del Sultano
One day Aladdin heard an order from the Sultan
Tutti dovevano rimanere a casa e chiudere le persiane
everyone was to stay at home and close their shutters
la principessa andava e tornava dal suo bagno
the Princess was going to and from her bath
Aladino fu preso dal desiderio di vedere il suo volto
Aladdin was seized by a desire to see her face
anche se era molto difficile vedere il suo viso
although it was very difficult to see her face
perché ovunque andasse portava un velo
because everywhere she went she wore a veil
Si nascose dietro la porta del bagno
He hid himself behind the door of the bath
e fece capolino attraverso una fessura nella porta
and he peeped through a chink in the door
La principessa sollevò il velo mentre entrava nel bagno
The Princess lifted her veil as she went in to the bath
e sembrava così bella che Aladino si innamorò di lei a

prima vista
and she looked so beautiful that Aladdin fell in love with her at first sight
Tornò a casa così cambiato che sua madre si spaventò
He went home so changed that his mother was frightened
Le disse che amava la principessa così profondamente che non poteva vivere senza di lei.
He told her he loved the Princess so deeply that he could not live without her
e voleva chiederle in sposa suo padre
and he wanted to ask her in marriage of her father
Sua madre, sentendo questo, scoppiò a ridere.
His mother, on hearing this, burst out laughing
ma Aladino alla fine la convinse ad andare davanti al Sultano
but Aladdin at last prevailed upon her to go before the Sultan
e lei stava per portare la sua richiesta
and she was going to carry his request
Prese un tovagliolo e vi depose i frutti magici.
She fetched a napkin and laid in it the magic fruits
I frutti magici del Giardino Incantato
the magic fruits from the enchanted garden
i frutti scintillavano e brillavano come i gioielli più belli
the fruits sparkled and shone like the most beautiful jewels
Portò con sé i frutti magici per compiacere il Sultano.
She took the magic fruits with her to please the Sultan
e si mise in cammino, confidando nella lampada
and she set out, trusting in the lamp
Il Gran Visir e i signori del consiglio erano appena entrati nel palazzo

The Grand Vizier and the lords of council had just gone into the palace
e si mise davanti al Sultano
and she placed herself in front of the Sultan
Lui, tuttavia, non si accorse di lei
He, however, took no notice of her
È andata ogni giorno per una settimana
She went every day for a week
e lei stava nello stesso posto
and she stood in the same place
Quando il concilio si sciolse, il sesto giorno, il sultano disse al suo visir:
When the council broke up on the sixth day the Sultan said to his Vizier:
"Vedo una certa donna nella sala delle udienze ogni giorno"
"I see a certain woman in the audience-chamber every day"
"Trasporta sempre qualcosa in un tovagliolo"
"she is always carrying something in a napkin"
"Chiamala per venire da noi, la prossima volta"
"Call her to come to us, next time"
"perché io possa scoprire cosa vuole"
"so that I may find out what she wants"
Il giorno dopo il visir le diede un segno
Next day the Vizier gave her a sign
salì ai piedi del trono
she went up to the foot of the throne
e rimase inginocchiata finché il Sultano non le parlò
and she remained kneeling till the Sultan spoke to her
"Alzati, brava donna, dimmi cosa vuoi"

"Rise, good woman, tell me what you want"
Esitò, così il sultano mandò via tutti tranne il visir.
She hesitated, so the Sultan sent away all but the Vizier
e lui le disse di parlare francamente
and he bade her to speak frankly
e promise di perdonarla per qualsiasi cosa potesse dire
and he promised to forgive her for anything she might say
Poi gli raccontò dell'amore violento di suo figlio per la principessa.
She then told him of her son's violent love for the Princess
"L'ho pregato di dimenticarla" ha detto.
"I prayed him to forget her" she said
"Ma le preghiere furono vane"
"but the prayers were in vain"
"Ha minacciato di fare qualche azione disperata se mi fossi rifiutato di andare"
"he threatened to do some desperate deed if I refused to go"
"e così chiedo a vostra Maestà la mano della principessa"
"and so I ask your Majesty for the hand of the Princess"
"ma ora ti prego di perdonarmi"
"but now I pray you to forgive me"
"e ti prego di perdonare mio figlio Aladino"
"and I pray that you forgive my son Aladdin"
Il sultano le chiese gentilmente cosa avesse nel tovagliolo
The Sultan asked her kindly what she had in the napkin
Così aprì il tovagliolo
so she unfolded the napkin
e presentò i gioielli al Sultano

and she presented the jewels to the Sultan
Fu folgorato dalla bellezza dei gioielli
He was thunderstruck by the beauty of the jewels
e si rivolse al Visir e chiese: "Che dici?"
and he turned to the Vizier and asked "What sayest thou?"
"Non dovrei conferire la principessa a qualcuno che la stima a un tale prezzo?"
"Ought I not to bestow the Princess on one who values her at such a price?"
Il Visir la voleva per suo figlio
The Vizier wanted her for his own son
così pregò il sultano di trattenerla per tre mesi.
so he begged the Sultan to withhold her for three months
Forse entro il tempo in cui suo figlio avrebbe escogitato di fare un regalo più ricco.
perhaps within the time his son would contrive to make a richer present
Il sultano esaudì il desiderio del suo visir
The Sultan granted the wish of his Vizier
e disse alla madre di Aladino che acconsentiva al matrimonio
and he told Aladdin's mother that he consented to the marriage
ma non deve comparire di nuovo davanti a lui per tre mesi
but she must not appear before him again for three months

Aladino aspettò pazientemente per quasi tre mesi
Aladdin waited patiently for nearly three months
Dopo due mesi sua madre andò ad andare al mercato
after two months had elapsed his mother went to go to the

market
Stava andando in città per comprare olio
she was going into the city to buy oil
Quando arrivò al mercato trovò tutti in gioia
when she got to the market found every one rejoicing
Così ha chiesto cosa stesse succedendo
so she asked what was going on
"Non lo sai?" fu la risposta
"Do you not know?" was the answer
"il figlio del Gran Visir sposerà stasera la figlia del Sultano"
"the son of the Grand Vizier is to marry the Sultan's daughter tonight"
Senza fiato, corse e disse ad Aladino
Breathless, she ran and told Aladdin
all'inizio Aladino fu sopraffatto
at first Aladdin was overwhelmed
ma poi pensò alla lampada e la strofinò
but then he thought of the lamp and rubbed it
Ancora una volta il genio apparve dalla lampada
once again the the genie appeared out of the lamp
"Qual è la tua volontà?" chiese il genio
"What is thy will?" asked the genie
"Il Sultano, come tu sai, ha infranto la sua promessa a me"
"The Sultan, as thou knowest, has broken his promise to me"
"il figlio del Visir deve avere la principessa"
"the Vizier's son is to have the Princess"
"Il mio comando è che stasera porti la sposa e lo sposo"

"My command is that tonight you bring the bride and bridegroom"
"Maestro, obbedisco" disse il genio
"Master, I obey" said the genie
Aladino allora andò nella sua camera
Aladdin then went to his chamber
Abbastanza sicuro, a mezzanotte il genio ha trasportato un letto
sure enough, at midnight the genie transported a bed
e il letto conteneva il figlio del visir e la principessa
and the bed contained the Vizier's son and the Princess
"Prendi quest'uomo appena sposato, genio" disse
"Take this new-married man, genie" he said
"Mettilo fuori al freddo per la notte"
"put him outside in the cold for the night"
"Poi restituiscili di nuovo all'alba"
"then return them again at daybreak"
Così il genio tirò fuori dal letto il figlio del Visir.
So the genie took the Vizier's son out of bed
e lasciò Aladino con la principessa
and he left Aladdin with the Princess
"Non temere nulla", le disse Aladino, "tu sei mia moglie".
"Fear nothing," Aladdin said to her, "you are my wife"
"Mi sei stato promesso dal tuo padre ingiusto"
"you were promised to me by your unjust father"
"e nessun danno ti verrà"
"and no harm shall come to you"
La principessa era troppo spaventata per parlare
The Princess was too frightened to speak
e passò la notte più miserabile della sua vita

and she passed the most miserable night of her life
anche se Aladino si sdraiò accanto a lei e dormì profondamente
although Aladdin lay down beside her and slept soundly
All'ora stabilita il genio andò a prendere lo sposo tremante
At the appointed hour the genie fetched in the shivering bridegroom
lo depose al suo posto
he laid him in his place
e trasportò il letto di nuovo al palazzo
and he transported the bed back to the palace
Subito il sultano venne ad augurare il buongiorno alla figlia
Presently the Sultan came to wish his daughter good-morning
L'infelice figlio del Visir saltò in piedi e si nascose
The unhappy Vizier's son jumped up and hid himself
e la principessa non volle dire una parola
and the Princess would not say a word
ed era molto addolorata
and she was very sorrowful
Il sultano mandò sua madre da lei
The Sultan sent her mother to her
"Perché non parli a tuo padre, figlio?"
"Why will you not speak to your father, child?"
"Che cosa è successo?" chiese
"What has happened?" she asked
La principessa sospirò profondamente
The Princess sighed deeply
e alla fine raccontò a sua madre cosa era successo.

and at last she told her mother what had happened
Le raccontò come il letto era stato portato in qualche strana casa
she told her how the bed had been carried into some strange house
e raccontò di quello che era successo in casa
and she told of what had happened in the house
Sua madre non le credeva minimamente
Her mother did not believe her in the least
e lei le disse di considerarlo un sogno ozioso.
and she bade her to consider it an idle dream
La notte seguente accadde esattamente la stessa cosa
The following night exactly the same thing happened
e la mattina dopo la principessa non volle parlare
and the next morning the princess wouldn't speak either
al rifiuto della principessa di parlare, il sultano minacciò di tagliarle la testa
on the Princess's refusal to speak, the Sultan threatened to cut off her head
Poi ha confessato tutto quello che era successo
She then confessed all that had happened
e gli ordinò di chiedere al figlio del Visir
and she bid him to ask the Vizier's son
Il sultano disse al visir di chiedere a suo figlio
The Sultan told the Vizier to ask his son
e il figlio del Visir disse la verità
and the Vizier's son told the truth
aggiunse che amava teneramente la principessa
he added that he dearly loved the Princess
"ma preferirei morire piuttosto che passare un'altra notte così spaventosa"

"but I would rather die than go through another such fearful night"
e volle essere separato da lei, cosa che gli fu concessa
and he wished to be separated from her, which was granted
e si finì il banchetto e la gioia
and there was an end to feasting and rejoicing

poi i tre mesi erano finiti
then the three months were over
Aladino mandò sua madre a ricordare al sultano la sua promessa
Aladdin sent his mother to remind the Sultan of his promise
Si trovava nello stesso posto di prima
She stood in the same place as before
il sultano aveva dimenticato Aladino
the Sultan had forgotten Aladdin
ma subito si ricordò di lui di nuovo
but at once he remembered him again
e chiese che lei andasse da lui
and he asked for her to come to him
Vedendo la sua povertà, il sultano si sentì meno incline che mai a mantenere la parola data.
On seeing her poverty the Sultan felt less inclined than ever to keep his word
e chiese consiglio al suo Visir
and he asked his Vizier's advice
gli consigliò di attribuire un alto valore alla principessa
he counselled him to set a high value on the Princess
Un prezzo così alto che nessun uomo vivente potrebbe

arrivare ad esso
a price so high that no man living could come up to it
Il sultano allora si rivolse alla madre di Aladino, dicendo:
The Sultan then turned to Aladdin's mother, saying:
"Brava donna, un sultano deve ricordare le sue promesse"
"Good woman, a Sultan must remember his promises"
"e ricorderò la mia promessa"
"and I will remember my promise"
"Ma tuo figlio deve prima mandarmi quaranta bacini d'oro"
"but your son must first send me forty basins of gold"
"e i bacini d'oro devono essere pieni di gioielli"
"and the gold basins must be brimful of jewels"
"e devono essere trasportati da quaranta cammelli neri"
"and they must be carried by forty black camels"
"E davanti ad ogni cammello nero ce ne deve essere uno bianco"
"and in front of each black camel there is to be a white one"
"e devono essere tutti splendidamente vestiti"
"and they are all to be splendidly dressed"
"Digli che aspetto la sua risposta"
"Tell him that I await his answer"
La madre di Aladino si inchinò
The mother of Aladdin bowed low
e poi tornò a casa
and then she went home
anche se pensava che tutto fosse perduto

although she thought all was lost
Ha dato ad Aladino il messaggio
She gave Aladdin the message
e aggiunse: "Potrebbe aspettare abbastanza a lungo per la tua risposta!"
and she added, "He may wait long enough for your answer!"
"Non finché pensi, mamma" rispose suo figlio.
"Not so long as you think, mother" her son replied
"Farei molto di più per la principessa"
"I would do a great deal more than that for the Princess"
e convocò di nuovo il genio
and he summoned the genie again
e in pochi istanti arrivarono gli ottanta cammelli
and in a few moments the eighty camels arrived
e occuparono tutto lo spazio nella piccola casa e nel giardino
and they took up all space in the small house and garden
Aladino li fece partire per il palazzo
Aladdin made them set out to the palace
e furono seguiti da sua madre
and they were followed by his mother
Erano vestiti molto riccamente
They were very richly dressed
e splendidi gioielli erano sulle loro cinture
and splendid jewels were on their girdles
e tutti si affollavano intorno per vederli
and everyone crowded around to see them
e le vasche d'oro che portavano sulle spalle
and the basins of gold they carried on their backs
Entrarono nel palazzo del Sultano

They entered the palace of the Sultan
ed essi si inginocchiarono davanti a lui in semicerchio
and they kneeled before him in a semi circle
e la madre di Aladino li presentò al Sultano
and Aladdin's mother presented them to the Sultan
Non esitò più, ma disse:
He hesitated no longer, but said:
"Brava donna, torna da tuo figlio"
"Good woman, return to your son"
"digli che lo aspetto a braccia aperte"
"tell him that I wait for him with open arms"
Non perse tempo a dirlo ad Aladino
She lost no time in telling Aladdin
e lei gli ordinò di affrettarsi.
and she bid him make haste
Ma Aladino prima chiamò il genio
But Aladdin first called for the genie
"Voglio un bagno profumato" disse
"I want a scented bath" he said
"e voglio un cavallo più bello di quello del Sultano"
"and I want a horse more beautiful than the Sultan's"
"e voglio venti servi che mi assistano"
"and I want twenty servants to attend me"
"E voglio anche che sei servitori ben vestiti aspettino mia madre.
"and I also want six beautifully dressed servants to wait on my mother
"e infine, voglio diecimila pezzi d'oro in dieci borse"
"and lastly, I want ten thousand pieces of gold in ten purses"
Non appena ha detto quello che voleva ed è stato fatto.

No sooner had he said what he wanted and it was done
Aladino montò sul suo bellissimo cavallo
Aladdin mounted his beautiful horse
e passò per le strade
and he passed through the streets
I servi gettarono l'oro sulla folla mentre andavano
the servants cast gold into the crowd as they went
Chi aveva giocato con lui nella sua infanzia non lo conosceva
Those who had played with him in his childhood knew him not
era diventato molto bello
he had grown very handsome
Quando il sultano lo vide scese dal suo trono
When the Sultan saw him he came down from his throne
Ha abbracciato il suo nuovo genero a braccia aperte
he embraced his new son in law with open arms
e lo condusse in una sala dove si stava diffondendo una festa
and he led him into a hall where a feast was spread
intendeva farlo sposare alla principessa quello stesso giorno.
he intended to marry him to the Princess that very day
Ma Aladino rifiutò di sposarsi subito
But Aladdin refused to marry straight away
"prima devo costruire un palazzo degno della principessa"
"first I must build a palace fit for the princess"
e poi si congedò
and then he took his leave
Una volta a casa, disse al genio:

Once home, he said to the genie:
"Costruiscimi un palazzo di marmo più pregiato"
"Build me a palace of the finest marble"
"Imposta il palazzo con diaspro, agata e altre pietre preziose"
"set the palace with jasper, agate, and other precious stones"
"Nel mezzo mi costruirai una grande sala con una cupola"
"In the middle you shall build me a large hall with a dome"
"Le sue quattro pareti saranno di masse d'oro e d'argento"
"its four walls will be of masses of gold and silver"
"e ogni muro avrà sei finestre"
"and each wall will have six windows"
"e i reticoli delle finestre saranno incastonati con gioielli preziosi"
"and the lattices of the windows will be set with precious jewels"
"ma ci deve essere una finestra che non è decorata"
"but there must be one window that is not decorated"
"Vai a vedere che si fa!"
"go see that it gets done!"
Il palazzo fu terminato il giorno successivo
The palace was finished by the next day
Il genio lo portò al nuovo palazzo
the genie carried him to the new palace
e gli mostrò come tutti i suoi ordini erano stati fedelmente eseguiti
and he showed him how all his orders had been faithfully

carried out
anche un tappeto di velluto era stato posato dal palazzo di Aladino a quello del Sultano.
even a velvet carpet had been laid from Aladdin's palace to the Sultan's
La madre di Aladino si vestì con cura
Aladdin's mother then dressed herself carefully
e camminò verso il palazzo con i suoi servi
and she walked to the palace with her servants
e Aladino la seguì a cavallo
and Aladdin followed her on horseback
Il sultano inviò musicisti con trombe e piatti per incontrarli
The Sultan sent musicians with trumpets and cymbals to meet them
Così l'aria risuonò di musica e applausi
so the air resounded with music and cheers
Fu portata dalla principessa, che la salutò
She was taken to the Princess, who saluted her
e la trattò con grande onore
and she treated her with great honour
Di notte la principessa salutò suo padre
At night the Princess said good-by to her father
e si mise sul tappeto per il palazzo di Aladino
and she set out on the carpet for Aladdin's palace
Sua madre era al suo fianco
his mother was at her side
ed essi furono seguiti dal loro entourage di servi
and they were followed by their entourage of servants
Rimase affascinata alla vista di Aladino
She was charmed at the sight of Aladdin

e Aladino corse a riceverla nel palazzo
and Aladdin ran to receive her into the palace

"Principessa", disse, "dai la colpa alla tua bellezza per la mia audacia.
"Princess," he said "blame your beauty for my boldness

"Spero di non averti dispiaciuto"
"I hope I have not displeased you"

Ha detto che ha obbedito volentieri a suo padre in questa faccenda.
she said she willingly obeyed her father in this matter

perché aveva visto che è bello
because she had seen that he is handsome

Dopo che il matrimonio ebbe avuto luogo, Aladino la condusse nella sala
After the wedding had taken place Aladdin led her into the hall

Qui una festa è stata distribuita nella sala
here a feast was spread out in the hall

e lei ha cenato con lui
and she supped with him

Dopo aver mangiato hanno ballato fino a mezzanotte
after eating they danced till midnight

Il giorno dopo Aladino invitò il sultano a vedere il palazzo.
The next day Aladdin invited the Sultan to see the palace

Entrarono nella sala con le quattro finestre e venti
they entered the hall with the four-and-twenty windows

Le finestre erano decorate con rubini, diamanti e smeraldi
the windows were decorated with rubies, diamonds, and

emeralds
gridò: "È una meraviglia del mondo!"
he cried "It is a world's wonder!"
"C'è solo una cosa che mi sorprende"
"There is only one thing that surprises me"
"È stato per caso che una finestra sia rimasta incompiuta?"
"Was it by accident that one window was left unfinished?"
"No, signore, è stato fatto così di proposito" rispose Aladino.
"No, sir, it was done so by design" replied Aladdin
"Desideravo che Vostra Maestà avesse la gloria di finire questo palazzo"
"I wished your Majesty to have the glory of finishing this palace"
Il Sultano fu lieto di ricevere questo onore
The Sultan was pleased to be given this honour
e mandò a chiamare i migliori gioiellieri della città
and he sent for the best jewellers in the city
Mostrò loro la finestra incompiuta
He showed them the unfinished window
e li ordinò di decorarlo come gli altri
and he bade them to decorate it like the others
"Signore" rispose il loro portavoce
"Sir" replied their spokesman
"Non ne troviamo abbastanza"
"we cannot find enough jewels"
così il Sultano fece recuperare i suoi gioielli
so the Sultan had his own jewels fetched
ma anche quei gioielli furono presto esauriti
but those jewels were soon soon used up too

Anche dopo un mese il lavoro non era a metà dell'opera
even after a month's time the work was not half done
Aladino sapeva che il loro compito era impossibile
Aladdin knew that their task was impossible
Egli ordinò loro di annullare il loro lavoro
he bade them to undo their work
e ordinò loro di riportare indietro i gioielli
and he bade them carry the jewels back
Il genio finì la finestra al suo comando
the genie finished the window at his command
Il sultano fu sorpreso di ricevere di nuovo i suoi gioielli
The Sultan was surprised to receive his jewels again
visitò Aladino, che gli mostrò la finestra finita
he visited Aladdin, who showed him the window finished
e il sultano abbracciò suo genero
and the Sultan embraced his son in law
nel frattempo, l'invidioso Visir sospettava l'opera dell'incantesimo
meanwhile, the envious Vizier suspected the work of enchantment
Aladino aveva conquistato il cuore della gente con il suo portamento gentile
Aladdin had won the hearts of the people by his gentle bearing
Fu nominato capitano degli eserciti del sultano.
He was made captain of the Sultan's armies
e vinse diverse battaglie per il suo esercito
and he won several battles for his army
ma rimase modesto e cortese come prima
but he remained as modest and courteous as before

In questo modo visse in pace e contento per diversi anni
in this way he lived in peace and content for several years
Ma lontano in Africa il mago ricordava Aladino
But far away in Africa the magician remembered Aladdin
e con le sue arti magiche scoprì che Aladino non era morto nella caverna
and by his magic arts he discovered Aladdin hadn't perished in the cave
ma invece di morire era fuggito e aveva sposato la principessa
but instead of perishing he had escaped and married the princess
e ora viveva in grande onore e ricchezza
and now he was living in great honour and wealth
Sapeva che il figlio del povero sarto avrebbe potuto farlo solo per mezzo della lampada
He knew that the poor tailor's son could only have accomplished this by means of the lamp
e viaggiò notte e giorno fino a raggiungere la città
and he travelled night and day until he reached the city
era intenzionato ad assicurarsi la rovina di Aladino
he was bent on making sure of Aladdin's ruin
Mentre attraversava la città sentì la gente parlare
As he passed through the town he heard people talking
Tutto ciò di cui potevano parlare era un meraviglioso palazzo
all they could talk about was a marvellous palace
"Perdona la mia ignoranza", chiese
"Forgive my ignorance," he asked
"Cos'è questo palazzo di cui parli?"

"what is this palace you speak of?"
"Non hai sentito parlare del palazzo del principe Aladino?" fu la risposta
"Have you not heard of Prince Aladdin's palace?" was the reply
"È la più grande meraviglia del mondo"
"it is the greatest wonder of the world"
"Ti indirizzerò al palazzo, se vuoi vederlo"
"I will direct you to the palace, if you would like to see it"
Il mago lo ringraziò per averlo portato a palazzo
The magician thanked him for bringing him to the palace
e avendo visto il palazzo, seppe che era stato innalzato dal Genio della Lampada
and having seen the palace, he knew that it had been raised by the Genie of the Lamp
Questo lo rese mezzo pazzo di rabbia.
this made him half mad with rage
Decise di afferrare la lampada
He determined to get hold of the lamp
e avrebbe di nuovo fatto precipitare Aladino nella più profonda povertà.
and he would again plunge Aladdin into the deepest poverty
Sfortunatamente, Aladino era andato a caccia per otto giorni.
Unluckily, Aladdin had gone a-hunting for eight days
Questo ha dato al mago un sacco di tempo
this gave the magician plenty of time
Ha comprato una dozzina di lampade di rame
He bought a dozen copper lamps
e li mise in un cesto

and he put them into a basket
e andò a palazzo
and he went to the palace
"Nuove lampade per vecchie!" esclamò
"New lamps for old!" he exclaimed
ed è stato seguito da una folla beffarda
and he was followed by a jeering crowd
La principessa era seduta nella sala delle quattro finestre e venti
The Princess was sitting in the hall of four-and-twenty windows
Mandò un servo a scoprire di cosa si trattasse.
she sent a servant to find out what the noise was about
il servo tornò ridendo così tanto che la principessa la rimproverò
the servant came back laughing so much that the Princess scolded her
"Signora", rispose la serva.
"Madam," replied the servant
"Chi può fare a meno di ridere quando vedi una cosa del genere?"
"who can help but laughing when you see such a thing?"
"Un vecchio pazzo si offre di scambiare belle lampade nuove con quelle vecchie"
"an old fool is offering to exchange fine new lamps for old ones"
Un altro servitore, sentendo questo, parlò
Another servant, hearing this, spoke up
"C'è una vecchia lampada sul cornicione che può avere"
"There is an old lamp on the cornice there which he can

have"
Questa, ovviamente, era la lampada magica
this, of course, was the magic lamp
Aladino l'aveva lasciata lì, poiché non poteva portarla a caccia con lui
Aladdin had left it there, as he could not take it out hunting with him
La principessa non sapeva di conoscere il valore della lampada
The Princess didn't know know the lamp's value
ridendo disse al servo di scambiarlo
laughingly she bade the servant to exchange it
Il servo portò la lampada al mago
the servant took the lamp to the magician
"Dammi una nuova lampada per questo" disse
"Give me a new lamp for this" she said
Lo strappò e ordinò alla serva di fare la sua scelta
He snatched it and bade the servant to take her choice
e tutta la folla derise alla vista
and all the crowd jeered at the sight
ma al mago importava poco della folla
but the magician cared little for the crowd
Lasciò la folla con la lampada che si era messo a prendere
he left the crowd with the lamp he had set out to get
e uscì dalle porte della città in un luogo solitario
and he went out of the city gates to a lonely place
Lì rimase fino al calar della notte
there he remained till nightfall
e al calar della notte tirò fuori la lampada e la strofinò
and it nightfall he pulled out the lamp and rubbed it

Il genio apparve al mago
The genie appeared to the magician
e il mago diede il suo comando al genio
and the magician made his command to the genie
"porta me, la principessa e il palazzo in un luogo solitario in Africa"
"carry me, the princess, and the palace to a lonely place in Africa"

La mattina dopo il sultano guardò fuori dalla finestra verso il palazzo di Aladino
Next morning the Sultan looked out of the window toward Aladdin's palace
e si strofinò gli occhi quando vide che il palazzo non c'era più.
and he rubbed his eyes when he saw the palace was gone
Mandò a chiamare il visir e chiese che fine avesse fatto il palazzo.
He sent for the Vizier and asked what had become of the palace
Anche il Visir guardò fuori, e si perse nello stupore.
The Vizier looked out too, and was lost in astonishment
Lo attribuì di nuovo all'incantesimo.
He again put it down to enchantment
e questa volta il Sultano gli credette
and this time the Sultan believed him
mandò trenta uomini a cavallo a prendere Aladino in catene
he sent thirty men on horseback to fetch Aladdin in chains
Lo incontrarono a cavallo di casa
They met him riding home

Lo legarono e lo costrinsero ad andare con loro a piedi.
they bound him and forced him to go with them on foot
Il popolo, però, che lo amava, li seguiva fino al palazzo.
The people, however, who loved him, followed them to the palace
avrebbero fatto in modo che non venisse a nuocere
they would make sure that he came to no harm
Fu portato davanti al Sultano
He was carried before the Sultan
e il sultano ordinò al boia di tagliargli la testa
and the Sultan ordered the executioner to cut off his head
Il boia fece inginocchiare Aladino davanti a un blocco di legno
The executioner made Aladdin kneel down before a block of wood
Si fasciò gli occhi in modo che non potesse vedere
he bandaged his eyes so that he could not see
e alzò la scimitarra per colpire
and he raised his scimitar to strike
In quell'istante il Visir vide che la folla si era fatta strada nel cortile
At that instant the Vizier saw the crowd had forced their way into the courtyard
stavano scalando le mura per salvare Aladino
they were scaling the walls to rescue Aladdin
Così chiamò il boia a fermarsi
so he called to the executioner to halt
Il popolo, infatti, sembrava così minaccioso che il Sultano cedette
The people, indeed, looked so threatening that the Sultan gave way

e ordinò ad Aladino di essere slegato
and he ordered Aladdin to be unbound
Lo perdonò agli occhi della folla
he pardoned him in the sight of the crowd
Aladino ora implorava di sapere cosa aveva fatto.
Aladdin now begged to know what he had done
"Falso disgraziato!" disse il Sultano "vieni là"
"False wretch!" said the Sultan "come thither"
Gli mostrò dalla finestra il luogo dove si trovava il suo palazzo
he showed him from the window the place where his palace had stood
Aladino era così stupito che non riusciva a dire una parola
Aladdin was so amazed that he could not say a word
"Dov'è il mio palazzo e mia figlia?" chiese il sultano.
"Where is my palace and my daughter?" demanded the Sultan
"Per il primo non sono così profondamente preoccupato"
"For the first I am not so deeply concerned"
"ma mia figlia devo averla"
"but my daughter I must have"
"e devi trovarla o perdere la testa"
"and you must find her or lose your head"
Aladino implorò che gli fossero concessi quaranta giorni per trovarla.
Aladdin begged to be granted forty days in which to find her
Ha promesso che se avesse fallito sarebbe tornato
he promised that if he failed he would return

e al suo ritorno avrebbe sofferto la morte per il piacere del Sultano
and on his return he would suffer death at the Sultan's pleasure
La sua preghiera è stata concessa dal Sultano
His prayer was granted by the Sultan
e uscì tristemente dalla presenza del Sultano
and he went forth sadly from the Sultan's presence
Per tre giorni vagò come un pazzo.
For three days he wandered about like a madman
Chiese a tutti che fine avesse fatto il suo palazzo.
he asked everyone what had become of his palace
ma essi si limitavano a ridere e compatirlo
but they only laughed and pitied him
Arrivò sulle rive di un fiume
He came to the banks of a river
Si inginocchiò per dire le sue preghiere prima di gettarsi dentro
he knelt down to say his prayers before throwing himself in
Così facendo strofinò l'anello magico che indossava ancora
In so doing he rubbed the magic ring he still wore
Il genio che aveva visto nella grotta apparve
The genie he had seen in the cave appeared
e gli chiese quale fosse la sua volontà
and he asked him what his will was
"Salvami la vita, genio" disse Aladino
"Save my life, genie" said Aladdin
"Riporta il mio palazzo"
"bring my palace back"

"Non è in mio potere" disse il genio.
"That is not in my power" said the genie
"Io sono solo lo Schiavo dell'Anello"
"I am only the Slave of the Ring"
"Devi chiedergli la lampada"
"you must ask him for the lamp"
"Potrebbe essere vero" disse Aladino
"that might be true" said Aladdin
"Ma tu puoi portarmi al palazzo"
"but thou canst take me to the palace"
"Mettimi sotto la finestra della mia cara moglie"
"set me down under my dear wife's window"
Si ritrovò subito in Africa
He at once found himself in Africa
era sotto la finestra della principessa
he was under the window of the Princess
e si addormentò per pura stanchezza
and he fell asleep out of sheer weariness
Fu svegliato dal canto degli uccelli
He was awakened by the singing of the birds
e il suo cuore era più leggero di prima
and his heart was lighter than it was before
Vide chiaramente che tutte le sue disgrazie erano dovute alla perdita della lampada.
He saw plainly that all his misfortunes were owing to the loss of the lamp
e si chiese invano chi gliene avesse derubato
and he vainly wondered who had robbed him of it
Quella mattina la principessa si alzò prima del solito.
That morning the Princess rose earlier than she normally
Una volta al giorno era costretta a sopportare la

compagnia dei maghi
once a day she was forced to endure the magicians company
Lei, tuttavia, lo trattò molto duramente.
She, however, treated him very harshly
Così non osò vivere con lei nel palazzo
so he dared not live with her in the palace
Mentre si stava vestendo, una delle sue donne guardò fuori e vide Aladino
As she was dressing, one of her women looked out and saw Aladdin
La principessa corse e aprì la finestra
The Princess ran and opened the window
al rumore che fece Aladino alzò lo sguardo
at the noise she made Aladdin looked up
Lo chiamò perché venisse da lei
She called to him to come to her
È stata una grande gioia per gli innamorati rivedersi
it was a great joy for the lovers to see each other again
Dopo averla baciata, Aladino disse:
After he had kissed her Aladdin said:
"Ti prego, principessa, nel nome di Dio"
"I beg of you, Princess, in God's name"
"prima di parlare di altro"
"before we speak of anything else"
"Per il tuo e il mio bene"
"for your own sake and mine"
"Dimmi cosa ne è stato della vecchia lampada"
"tell me what has become of the old lamp"
"L'ho lasciato sul cornicione nella sala delle quattro finestre e venti"

"I left it on the cornice in the hall of four-and-twenty windows"
"Ahimè!" disse, "Io sono la causa innocente dei nostri dolori"
"Alas!" she said, "I am the innocent cause of our sorrows"
e lei gli raccontò dello scambio della lampada
and she told him of the exchange of the lamp
"Ora lo so" gridò Aladino
"Now I know" cried Aladdin
"Dobbiamo ringraziare il mago per questo!"
"we have to thank the magician for this!"
"Dov'è la lampada?"
"Where is the lamp?"
"Lo porta con sé" disse la principessa
"He carries it about with him" said the Princess
"So che porta la lampada con sé"
"I know he carries the lamp with him"
"Perché se l'è tirato fuori dal seno per mostrarmelo"
"because he pulled it out of his breast to show me"
"E desidera che io rompa la mia fede con te e lo sposi"
"and he wishes me to break my faith with you and marry him"
"E ha detto che sei stato decapitato per ordine di mio padre"
"and he said you were beheaded by my father's command"
"Egli parla sempre male di te"
"He is for ever speaking ill of you"
"ma io rispondo solo con le mie lacrime"
"but I only reply by my tears"
"Se insisto, non dubito"
"If I persist, I doubt not"

"Ma userà la violenza"
"but he will use violence"
Aladino confortò sua moglie
Aladdin comforted his wife
e lui la lasciò per un po'
and he left her for a while
Si è cambiato d'abito con la prima persona che ha incontrato in città
He changed clothes with the first person he met in the town
e dopo aver comprato una certa polvere, tornò dalla principessa
and having bought a certain powder, he returned to the Princess
la principessa lo fece entrare da una piccola porta laterale
the Princess let him in by a little side door
"Indossa il tuo vestito più bello" le disse
"Put on your most beautiful dress" he said to her
"Ricevi il mago con sorrisi oggi"
"receive the magician with smiles today"
"Portalo a credere che mi hai dimenticato"
"lead him to believe that you have forgotten me"
"Invitalo a cenare con te"
"Invite him to sup with you"
"e digli che desideri assaggiare il vino del suo paese"
"and tell him you wish to taste the wine of his country"
"Se ne andrà per qualche tempo"
"He will be gone for some time"
"Mentre lui se n'è andato ti dirò cosa fare"
"while he is gone I will tell you what to do"

Ascoltò attentamente Aladino
She listened carefully to Aladdin
e quando se ne andò lei si schiantò magnificamente
and when he left she arrayed herself beautifully
Non si vestiva così da quando aveva lasciato la sua città
she hadn't dressed like this since she had left her city
Ha indossato una cintura e un copricapo di diamanti
She put on a girdle and head-dress of diamonds
Era più bella che mai
she was more beautiful than ever
e ricevette il mago con un sorriso
and she received the magician with a smile
"Ho deciso che Aladdin è morto"
"I have made up my mind that Aladdin is dead"
"Le mie lacrime non lo riporteranno a me"
"my tears will not bring him back to me"
"così sono deciso a non piangere più"
"so I am resolved to mourn no more"
"perciò vi invito a cenare con me"
"therefore I invite you to sup with me"
"ma sono stanco dei vini che abbiamo"
"but I am tired of the wines we have"
"Vorrei assaggiare i vini dell'Africa"
"I would like to taste the wines of Africa"
Il mago corse nella sua cantina
The magician ran to his cellar
e la principessa mise la polvere che Aladino le aveva dato nella sua tazza
and the Princess put the powder Aladdin had given her in her cup
Quando tornò lei gli chiese di bere la sua salute

When he returned she asked him to drink her health
e gli porse la sua coppa in cambio della sua
and she handed him her cup in exchange for his
Questo è stato fatto come segno per mostrare che era riconciliata con lui.
this was done as a sign to show she was reconciled to him
Prima di bere il mago le fece un discorso
Before drinking the magician made her a speech
Voleva lodare la sua bellezza
he wanted to praise her beauty
ma la principessa lo tagliò corto
but the Princess cut him short
"Beviamo prima"
"Let us drink first"
"E dirai quello che dirai dopo"
"and you shall say what you will afterwards"
Si mise la coppa alle labbra e la tenne lì.
She set her cup to her lips and kept it there
Il mago prosciugò la sua tazza fino alla feccia
the magician drained his cup to the dregs
e dopo aver finito di bere cadde senza vita
and upon finishing his drink he fell back lifeless
La principessa aprì quindi la porta ad Aladino
The Princess then opened the door to Aladdin
e lei gli gettò le braccia intorno al collo
and she flung her arms round his neck
ma Aladino le chiese di lasciarlo
but Aladdin asked her to leave him
C'era ancora molto da fare
there was still more to be done
Poi andò dal mago morto

He then went to the dead magician
e si tolse la lampada dal giubbotto
and he took the lamp out of his vest
Ordinò al genio di riportare indietro il palazzo
he bade the genie to carry the palace back
la principessa nella sua camera sentì solo due piccole scosse
the Princess in her chamber only felt two little shocks
In poco tempo era di nuovo a casa
in little time she was at home again
Il sultano era seduto sul suo balcone
The Sultan was sitting on his balcony
Era in lutto per la figlia perduta
he was mourning for his lost daughter
Alzò lo sguardo e dovette strofinarsi di nuovo gli occhi.
he looked up and had to rub his eyes again
Il palazzo stava lì come aveva fatto prima
the palace stood there as it had before
Si affrettò a raggiungere il palazzo per vedere sua figlia.
He hastened over to the palace to see his daughter
Aladino lo ricevette nella sala del palazzo
Aladdin received him in the hall of the palace
e la principessa era al suo fianco
and the princess was at his side
Aladino gli raccontò cosa era successo
Aladdin told him what had happened
e gli mostrò il cadavere del mago
and he showed him the dead body of the magician
in modo che il Sultano gli credesse
so that the Sultan would believe him

Fu proclamata una festa di dieci giorni
A ten days' feast was proclaimed
e sembrava che Aladino potesse ora vivere il resto della sua vita in pace.
and it seemed as if Aladdin might now live the rest of his life in peace
ma non doveva essere così pacifico come aveva sperato
but it was not to be as peaceful as he had hoped

Il mago africano aveva un fratello minore
The African magician had a younger brother
era forse ancora più malvagio e astuto di suo fratello
he was maybe even more wicked and cunning than his brother
Si recò ad Aladino per vendicare la morte di suo fratello.
He travelled to Aladdin to avenge his brother's death
andò a visitare una donna pia chiamata Fatima
he went to visit a pious woman called Fatima
Pensava che lei potesse essergli utile.
he thought she might be of use to him
Entrò nella sua cella e le batté un pugnale al petto.
He entered her cell and clapped a dagger to her breast
Poi le disse di alzarsi e di eseguire i suoi ordini
then he told her to rise and do his bidding
e se non lo avesse fatto, ha detto che l'avrebbe uccisa
and if she didn't he said he would kill her
Si cambiò i vestiti con lei
He changed his clothes with her
e colorò il suo viso come il suo
and he coloured his face like hers

Le indossò il velo in modo che assomigliasse a lei
he put on her veil so that he looked just like her
e alla fine l'ha uccisa nonostante la sua obbedienza
and finally he murdered her despite her compliance
in modo che non potesse raccontare storie
so that she could tell no tales
Poi andò verso il palazzo di Aladino
Then he went towards the palace of Aladdin
Tutto il popolo pensava che fosse la santa donna
all the people thought he was the holy woman
Si riunirono intorno a lui per baciargli le mani
they gathered round him to kiss his hands
ed essi implorarono la sua benedizione
and they begged for his blessing
Quando arrivò al palazzo c'era un grande trambusto intorno a lui
When he got to the palace there a great commotion around him
La principessa voleva sapere di cosa si trattasse tutto quel rumore
the princess wanted to know what all the noise was about
Così ordinò al suo servo di guardarla fuori dalla finestra.
so she bade her servant to look out of the window for her
e il suo servo chiese di cosa si trattasse
and her servant asked what the noise was all about
Scoprì che era la santa donna a causare il trambusto
she found out it was the holy woman causing the commotion
Stava curando le persone dai loro disturbi toccandole
she was curing people of their ailments by touching them

la principessa desiderava da tempo vedere Fatima
the Princess had long desired to see Fatima
Così convinse il suo servo a chiederle di entrare nel palazzo.
so she get her servant to ask her into the palace
e la falsa Fatima accettò l'offerta nel palazzo
and the false Fatima accepted the offer into the palace
Il mago offrì una preghiera per la sua salute e prosperità
the magician offered up a prayer for her health and prosperity
la principessa lo fece sedere accanto a lei
the Princess made him sit by her
e lei lo pregò di stare con lei
and she begged him to stay with her
La falsa Fatima non desiderava niente di meglio
The false Fatima wished for nothing better
e acconsentì al desiderio della principessa
and she consented to the princess' wish
ma tenne il velo abbassato
but he kept his veil down
perché sapeva che altrimenti sarebbe stato scoperto.
because he knew that he would be discovered otherwise
La principessa gli mostrò la sala
The Princess showed him the hall
e lei gli chiese cosa ne pensasse
and she asked him what he thought of it
"È veramente bello" disse la falsa Fatima
"It is truly beautiful" said the false Fatima
"Ma nella mia mente il tuo palazzo vuole ancora una cosa"

"but in my mind your palace still wants one thing"
"E che cos'è?" chiese la principessa
"And what is that?" asked the Princess
"Se solo un uovo di Roc fosse appeso al centro di questa cupola"
"If only a Roc's egg were hung up from the middle of this dome"
"Allora sarebbe la meraviglia del mondo" disse
"then it would be the wonder of the world" he said
Dopo questo la principessa non poteva pensare a nient'altro che all'uovo di Roc.
After this the Princess could think of nothing but the Roc's egg
quando Aladino tornò dalla caccia la trovò di cattivo umore.
when Aladdin returned from hunting he found her in a very ill humour
Implorò di sapere cosa c'era che non andava.
He begged to know what was amiss
e lei gli raccontò cosa aveva rovinato il suo piacere
and she told him what had spoiled her pleasure
"Sono reso infelice per la mancanza di un uovo di Roc"
"I'm made miserable for the want of a Roc's egg"
"Se questo è tutto ciò che vuoi, sarai presto felice" rispose Aladino
"If that is all you want you shall soon be happy" replied Aladdin
La lasciò e strofinò la lampada
he left her and rubbed the lamp
quando il genio apparve gli ordinò di portare un uovo di Roc

when the genie appeared he commanded him to bring a Roc's egg

Il genio emise un grido così forte e terribile che la sala tremò

The genie gave such a loud and terrible shriek that the hall shook

"Miserabile!" gridò, "non è sufficiente che io abbia fatto tutto per te?"

"Wretch!" he cried, "is it not enough that I have done everything for you?"

"Ma ora mi comandi di portare il mio padrone"

"but now you command me to bring my master"

"E tu vuoi che lo appenda in mezzo a questa cupola"

"and you want me to hang him up in the midst of this dome"

"Tu, tua moglie e il tuo palazzo meritate di essere ridotti in cenere"

"You and your wife and your palace deserve to be burnt to ashes"

"Ma questa richiesta non viene da te"

"but this request does not come from you"

"La richiesta viene dal fratello del mago"

"the demand comes from the brother of the magician"

"Il mago che hai distrutto"

"the magician whom you have destroyed"

"Ora è nel tuo palazzo travestito da santa donna"

"He is now in your palace disguised as the holy woman"

"La vera santa donna che ha già ucciso"

"the real holy woman he has already murdered"

"È stato lui a mettere quel desiderio nella testa di tua moglie"

"it was him who put that wish into your wife's head"
"Abbi cura di te, perché intende ucciderti"
"Take care of yourself, for he means to kill you"
Dopo aver detto questo, il genio scomparve
upon saying this the genie disappeared
Aladino tornò dalla principessa
Aladdin went back to the Princess
Le disse che gli faceva male la testa
he told her that his head ached
così chiese che la santa Fatima fosse recuperata
so she requested the holy Fatima to be fetched
Poteva posare le mani sul suo capo
she could lay her hands on his head
e il suo mal di testa sarebbe stato curato dai suoi poteri
and his headache would be cured by her powers
quando il mago si avvicinò Aladino afferrò il suo pugnale
when the magician came near Aladdin seized his dagger
e lo trafisse nel cuore
and he pierced him in the heart
"Che cosa hai fatto?" gridò la principessa
"What have you done?" cried the Princess
"Hai ucciso la santa donna!"
"You have killed the holy woman!"
"Non è così" rispose Aladino
"It is not so" replied Aladdin
"Ho ucciso un mago malvagio"
"I have killed a wicked magician"
e le raccontò di come era stata ingannata
and he told her of how she had been deceived
Dopo questo Aladino e sua moglie vissero in pace

After this Aladdin and his wife lived in peace
Succedette al sultano alla sua morte.
He succeeded the Sultan when he died
Regnò sul regno per molti anni
he reigned over the kingdom for many years
e lasciò dietro di sé una lunga stirpe di re
and he left behind him a long lineage of kings

La fine / The End

www.tranzlaty.com

www.ingramcontent.com/pod-product-compliance
Lightning Source LLC
Chambersburg PA
CBHW030312100526
44590CB00012B/602